AF244595

JEAN ERDIC

Quelques mots

SUR

Octave Feuillet

PARIS

ALPHONSE LEMERRE, ÉDITEUR

23-31, PASSAGE CHOISEUL, 23-31

M DCCC XCI

Quelques mots

Octave Feuillet

JEAN ERDIC

Quelques mots

SUR

Octave Feuillet

PARIS

ALPHONSE LEMERRE, ÉDITEUR

23-31, PASSAGE CHOISEUL, 23-31

M DCCC XCI

Quelques mots

sur

Octave Feuillet

VOIR rempli des milliers de
pages, sans qu'un seul éclat de
sa plume ait taché l'écrivain;
avoir marché dans la vie, durant près de

soixante-dix années, sans qu'une seule fange ait effleuré l'homme ; l'aventure n'est certes pas commune, et celui qui l'a vécue était quelqu'un.

Il a nom : Octave Feuillet.

Sa mort est un deuil pour le public qui lit et qui lui restera longuement fidèle, en dépit de la déviation imprimée par les écoles nouvelles aux tendances et aux goûts littéraires. Les hommages lui sont venus de son vivant ; ils ont entouré son cercueil. Je voudrais que la chère ombre recueillît particulièrement ceux des esprits d'élite, encore imbus de ce préjugé vieilli : La force du talent n'est rien, si elle ne s'appuie sur la solidité du caractère, et nul ne mérite de durer, si l'admiration,

acquise à l'œuvre, ne s'allie au respect dû
à l'ouvrier.

Voilà pourquoi j'ai accepté de dire, en
très peu de lignes, dans cette publication*
de bonne foi, ce que fut l'académicien
surnommé « le délicat romancier. »

« Le délicat, » tout court, serait le mot
exact pour caractériser l'homme, aussi
bien que l'écrivain. Octave Feuillet était
essentiellement un sensitif, et, comme tel,
il avait l'horreur innée de ce qui se révèle
sous une espèce grossière, triviale, ou
seulement laide. En toute chose, ses affi-
nités l'inclinaient au séduisant, au raffiné,

---

* Extrait de la Revue *Le Semeur*.

au *select*. Il appliquait la fière devise cas-
tillane : *Seamos de los pocos,* et j'imagine
que la boutade de Bacon : « Ce qui est
approuvé du vulgaire est nécessairement
faux, » ne lui paraissait guère excessive.
On le devinait à la mine du personnage,
dont la bonté vraie et l'abandon sympa-
thique s'enveloppaient, dès qu'il franchis-
sait le cercle de ses familiers, d'une grâce
un peu hautaine. Dédain? non; plutôt
une sorte de crainte ombrageuse des
coups d'épingle. Sa sensibilité, perpétuel-
lement en éveil, s'effarouchait sous l'ap-
préhension de ce que j'appellerais volon-
tiers « les fautes d'orthographe, » en
étendant cette expression aux légères
incorrections susceptibles de froisser les

sens ou l'esprit. Il ne pardonnait pas plus à la vache nourricière son meuglement brutal, au paon son cri discordant, qu'à la jolie femme une toilette manquée, au causeur un geste maladroit, au virtuose une fausse note. Dur à l'absolution des vétilles et des laideurs, parce qu'il en souffrait réellement. C'était là l'intime secret de son organisme vibrant. Un Mirabeau logé en face de ses fenêtres aurait provoqué un déménagement; Quasimodo coudoyé au parc Monceau l'eût mis en fuite.

La vertu niaise cessait de l'intéresser. Combinée avec une propreté discutable, il lui décernait le prix Monthyon et ne l'aurait pas touchée du bout des doigts.

Le vice, quoi qu'on ait insinué, ne l'a pas eu pour avocat; mais aux faiblesses élégantes et fleurant bon, il déniait rarement le bénéfice des circonstances atténuantes, et je ne jure pas qu'il n'ait, en son for intérieur, caché quelques tendresses inavouées pour les belles pécheresses, aux mains blanches, glissant à travers la fiction de ses livres, du pas vainqueur des déesses, s'habillant mieux que les fées, grignotant le fruit défendu avec des dents d'un émail immaculé et les sensations subtiles des mondaines amours.

Il ne s'agit pas de tenter ici un portrait réservé à d'autres pinceaux, ni une étude qui excéderait ma compétence. A Dieu ne plaise que, dans cette brève esquisse, née d'un élan d'affection, j'amoindrisse une figure ennoblie par la sérénité de l'éternel repos. Mais comment oublier que l'homme est composé d'éléments indivisibles? Pour le connaître, ne doit-on pas l'examiner sous ses divers aspects, ainsi qu'on fait le tour d'une statue? Les grands côtés excusent les petits; ceux-ci, la plupart du temps, expliquent ceux-là, et toujours, en y regardant de près, vous découvrez que les uns et les autres, aussi étroitement unis que l'envers et l'endroit d'une étoffe, sont le double effet d'une même cause.

Avec quelle persistance certains critiques n'ont-ils pas accusé Feuillet de choisir ses héros dans une sphère bornée, de leur prêter une langue, des passions, des manières d'être distantes des réalités, largement interprétées, de la vie humaine. L'analyse des œuvres du Maître démontrerait l'exagération de ce reproche. Je l'admettrais pourtant dans son principe, sauf à en mesurer la portée, et je concéderais d'autant plus franchement que l'auteur de *Julia de Trécœur* a parfois poursuivi des types d'exception, qu'il obéissait à une impulsion logique, étant donnée sa nature à lui — nature d'exception, s'il en fut. Répugnant à ces réalités, parmi lesquelles, bon gré mal gré, nous évoluons, il n'a pas voulu les voir, encore moins les peindre dans leur nudité, et s'est réfugié du côté où il les rencontrait amendées par les illusions du décor, la correction des rôles bien tenus, les harmonies d'un luxe discret, la science du savoir-vivre, tout ce qui constitue le charme propre aux milieux bien élevés, et les rehausse d'un semblant d'idéal.

La corruption des classes supérieures est, de nos jours, passée en lieu commun. J'ajoute qu'elle l'était — à plus juste titre — avant nous, et je m'étonnerais si, depuis que le soleil éclaire l'inégalité des conditions sociales, ce lieu commun n'avait incessamment défrayé les amertumes de ceux qui aspirent à monter. Plus la corruption est exquise, plus elle est — paraît-il — coupable. C'est bientôt dit. Les austères censeurs ont tâté l'envers de l'étoffe; il leur échappe que l'endroit est brodé de qualités non négligeables. A supposer que le code des conventions, en apparence puériles, qui règle les allures de ce qu'on nomme « le monde, » induise les adeptes à plus d'une sottise, il les protège, en mainte occasion, contre les vilenies et les bassesses ; la bienséance de la forme peut n'être pas indifférente à l'intégrité du fond.

Que la conception de la vie, telle qu'elle s'est imposée à l'imagination d'Octave Feuillet, comportant quelque sécheresse, ait nui à l'ampleur philosophique de ses travaux, j'y consens. En revanche, je remarque — l'observation vaut qu'on s'y arrête — que l'exclusivisme relatif de son esthétique d'artiste a eu pour contre-partie la persévérante rigueur de son esthétique morale d'homme privé. Les mêmes attractions et les mêmes répulsions qui entraînèrent et retinrent sa plume dans les sentiers battus par les fines chaussures, ont été le guide et la sauvegarde de ses actes personnels, la garantie d'une unité de conduite aussi louable que rare. Je ne sache pas d'existence plus droite que la sienne, d'honneur plus haut, de dignité plus intacte, plus exempte des compromissions, des défaillances, des petites lâchetés qu'autorisent l'exemple d'autrui et la bénignité des consciences contemporaines.

A l'âge où la chaleur des premières am-
bitions jette les jeunes dans les mêlées
douteuses, il promenait doucement, sous
les arbres du jardin paternel, ses rêves de
poëte et les chantait, comme l'oiseau...,
pour le plaisir de chanter. Il fallut la réus-
site extraordinaire du *Roman d'un jeune
homme pauvre* pour l'attirer à Paris, grisé
par les hourras de ces amis inconnus que
le succès fait éclore, que la déroute fait
rentrer sous terre. Ce fut l'événement
décisif d'une carrière si vite brillante, et
qui n'a pas eu de déclin. Il était déjà
marié, ayant trouvé sa meilleure amie
dans la ville même où il avait puisé ses
meilleures inspirations.

En pleine gloire, la nostalgie lui vint des chemins ombreux, des prairies vertes, des rivières endormies. Il regagna Saint-Lô et ses Charmettes normandes, dont le nom, *Les Palliers*, réveille tant de souvenirs dans le cœur de ses compatriotes de la petite patrie ; nid de vicaire savoyard extrêmement civilisé, qui lui a assuré le maximum de paix compatible avec les fébrilités de son tempérament. Plus tard, Paris devait le ressaisir et le garder, après l'expérience infructueuse de Versailles.

A ces résidences successives, l'uniformité de ses habitudes a été constante — habitudes d'un sage, rebelle à la politique et aux affaires, jaloux du chez-soi, n'accordant au tourbillon que ce qui était indispensable à ses études d'observateur, préférant à l'atmosphère des salons et des cercles les marches au grand air ou le recueillement du cabinet; se consolant de ne pas voyager, en regardant voyager les autres dans les relations des missionnaires et des explorateurs, se passionnant à leurs récits, aveuglément docile aux hâbleries géographiques, avec la naïveté touchante des justes qui n'ont jamais menti.

Je me trompe : il a menti à son origine d'une province, passablement calomniée du reste, par le désintéressement dans les questions d'argent. Au cours d'une tâche courageusement menée jusqu'à la dernière étape, aucun souci vénal n'a troublé la préoccupation de son art. La liste serait longue des quémandeurs qu'il a obligés de sa bourse, et, si les habiles d'aujourd'hui calculaient le modeste accroissement de sa fortune patrimoniale, ils souriraient de pitié.

On n'ignore pas par quel scrupule de loyauté le bibliothécaire du palais de Fontainebleau abandonna un traitement qu'il lui était loisible de conserver, par quelle pudeur de sentiments il se refusa à rompre les liens qui l'attachaient aux souverains tombés. Ce trait suffirait à forcer l'estime de ses ennemis, s'il en existe, car il n'a rien à démêler avec la politique. Compté au nombre des bonapartistes, Octave Feuillet n'a pas été un bonapartiste militant. Il fut simplement l'honnête ami d'une famille qui l'avait distingué aux heures clémentes.

J'en ai dit assez. — Appuyer sur l'éloge serait déplaire, dans son immortalité, au moins infatué des gens de lettres, de même qu'il y aurait cruauté déplacée à souligner les menues misères d'un nerveux à outrance. Personne n'élude les fatalités de son organisation physique : Esprit inquiet, âme tourmentée, c'est ainsi, et à cause de cela peut-être, qu'on l'aima. Je prise médiocrement, pour ma part, les perfections olympiennes, les froides vertus des impassibles. Ici-bas, celui qui n'a pas souffert est un orgueilleux ou une brute.

Les morts ont payé leurs dettes. Ils demeurent nos créanciers pour les joies qu'ils nous ont values, et nous n'avons le droit de nous souvenir que de leurs qualités. Souvent obscurcies par l'alliage humain, elles revivent, pures et sacrées, dans le culte de leur mémoire.

Alger, 14 Janvier 1891

Imprimé

le vingt février mil huit cent quatre-vingt-onze

PAR

ALPHONSE LEMERRE

25, RUE DES GRANDS-AUGUSTINS, 25

A PARIS